रूह के रास्ते

Echoes of a Wandering Mind

UTKARSH BHASKAR

Made with ❤ on the BookLeaf Publishing Platform
www.bookleafpub.in
www.bookleafpub.com

Dedication

यह पुस्तक उन तीन अद्भुत स्त्रियों को समर्पित है,
जिन्होंने हर कदम पर मुझे सहारा दिया –
भावनात्मक रूप से, बौद्धिक रूप से, और आर्थिक रूप से।

मेरी माँ – डॉ. पुष्पा सिन्हा,
जिनकी ममता, शिक्षा और निस्वार्थ प्रेम मेरी जड़ें हैं।

मेरी पत्नी – मेघा श्री,
जो मेरी सबसे बड़ी प्रेरणा और साथी हैं,
जिन्होंने हर उतार-चढ़ाव में मेरा साथ निभाया।

मेरी बहन – श्रेया,
जिसकी दोस्ती, समझदारी और विश्वास ने
हमेशा मुझे खुद पर भरोसा करना सिखाया।

इन तीनों के बिना यह संग्रह संभव नहीं था।

Preface

यह कविता-संग्रह मेरे अंतर्मन की उन अनकही भावनाओं की आवाज़ है, जिन्हें शब्दों में पिरोकर आपके समक्ष रखने का प्रयास किया है। इस पुस्तक में संकलित 36 कविताएँ — कभी प्रेम की मासूमियत को छूती हैं, तो कभी विरह की पीड़ा में भीग जाती हैं। कहीं बचपन की मीठी स्मृतियाँ हैं, तो कहीं आत्मा के द्वंद्व और व्यक्तित्व की गहराइयाँ।

ये कविताएँ छोटी-छोटी पंक्तियों में कभी जीवन के बड़े अर्थ छू जाती हैं, और कभी एक लम्बी कविता में समय की करवटों को बयां करती हैं। दो पंक्तियों की संक्षिप्तता से लेकर बारह पंक्तियों की लयबद्धता तक, हर रचना मेरे मन के किसी एक रंग को दर्शाती है — खुशी, ग़म, क्रोध, परिवर्तन, या आत्मचिंतन।

यह संग्रह मेरे जीवन के अलग-अलग पड़ावों, अनुभवों और मूड्स की अभिव्यक्ति है। शब्दों के माध्यम से आत्मा से आत्मा तक पहुँचने की एक विनम्र कोशिश है।

आशा है कि इन कविताओं में आप अपने कुछ जज़्बातों की झलक पाएँगे, और शायद कुछ अधूरे एहसास भी पूरे हो जाएँ।

उत्कर्ष भास्कर

Acknowledgements

यह पुस्तक मेरे दिल का एक हिस्सा है, और इसके निर्माण में उन सभी लोगों की भूमिका है जिन्होंने हर मोड़ पर मेरा साथ दिया – चुपचाप, स्नेह से, और विश्वास के साथ।

सबसे पहले, मैं अपने **माता-पिता** का आभार व्यक्त करता हूँ, जिनके संस्कार, समर्थन और निःस्वार्थ प्रेम ने मुझे वह बनाया जो मैं आज हूँ।

मेरी **पत्नी मेघा** – तुम्हारा धैर्य, साथ और मेरे शब्दों में अटूट विश्वास ही मेरी सबसे बड़ी ताकत रहे हैं। तुम्हारे बिना यह संभव न था।

मेरी **बहन श्रेया**, तुम्हारा भरोसा और हमारे बीच की समझदारी मुझे हमेशा आगे बढ़ने की प्रेरणा देती रही है।

मेरे **मित्रों** – आप सभी का धन्यवाद, जिन्होंने मेरी यात्रा को खूबसूरत बनाया। आपकी बातें, आपका साथ, और आपकी ऊर्जा ने मुझे हमेशा बेहतर बनने में मदद की।

BookLeaf Publishing को विशेष धन्यवाद, जिन्होंने मेरे शब्दों पर विश्वास किया और उन्हें एक मंच दिया। आपने एक सपना साकार किया।

उन सभी लोगों को जिनका मेरी ज़िन्दगी में किसी भी रूप में योगदान रहा – यह पुस्तक आप सबकी भी है।

सादर,
उत्कर्ष भास्कर

नौशाद

फ़क़त बस एक याद हो तुम,
सज्दों में मांगी फ़रियाद हो तुम।

मैंने खींचीं हैं कागज़ पर कुछ लकीरें,
तस्वीर कोई बानी नौशाद हो तुम।

लुटी मेरी दुनिया, बर्बाद हुआ मैं,
मगर हूँ खुश की आबाद हो तुम।

सूरत तुम्हरी भले मेरे ज़ेहन को छोड़ चुकी,
अश्कों में है घुला जो वो बे-दाद हो तुम।

बंदिशें तुम्हे कभी पसंद थी नहीं,
मेरी मोहब्बत से भी आज़ाद हो तुम॥

रु-ब-रु

नाराज़ खुद से हूँ, तुमसे कोई गिला कोई बात नहीं,
वक़्त बदलता गया पर कमबख़्त ये मेरे हालात नहीं।

हमने खोल दिए दिल के राज़ सारे-के-सारे,
उन्हे शौक़ माद्दी रहा, समझना था मेरे जज़्बात नहीं।

कर मेरे तू अपने रूह को कुछ यूँ रु-ब-रु,
बहुत कर ली हमने, अब सिर्फ़ जिस्मानी मुलाक़ात नहीं।

मय समझ कर पिता रहा हूँ अश्कों को, ऐ साक़ी,
तू पूछेगा मेरा हाल-ओ-हालात पर आज कर कोई सवालात नहीं।

हुआ क़त्ल-ए-'आम मेरे अरमानों का सरे बाज़ार-ए-दिल-लगी
सांसें चलतीं तो हैं मगर मुझ में बची अब हयात नहीं।।

पर जाने दे

तुझे कुछ बतानी थी राज़ की बात, पर जाने दे,
सीने में दबा रखे हैं जो जज़्बात, पर जाने दे।

तुम्हारे हथेलियों पे है जो नक़्श वो तक़दीर मेरी है,
और वो पूछते हैं मुझसे तेरे त'अल्लुक़ात, पर जाने दे।

वो तो हया है मुझमें तेरे रुसवाई का तो चुप हूँ,
वरना बताता मैं तेरे आशिक़ों की औक़ात, पर जाने दे।

ना सोचा था, तेरी सूरत देखते-देखते उम्र गुज़ार लेंगे,
तू नहीं जानता दिल पे मैंने रखे कितने एहतियात, पर जाने दे।

तुझे कैसे बताऊँ कि तू मेरे लिए आख़िर क्या है,
तू बन गया है मेरा वजूद-ए-हयात, पर जाने दे॥

शराफ़त

मेरी शराफ़त को तू मेरी कमज़ोरी समझता है क्या?
मैं जो हूँ सुकून से तो कुछ खलता है क्या?

ख़ामोश हूँ, पर बोल नहीं सकता, ऐसा नहीं,
ज़लज़ला आने से पहले वक़्त-पता बताता है क्या?

ख्वाइश

चलो आज एक याद और बनाते हैं,
तुम हमें और हम तुम्हे सताते हैं।
कोई ख्वाइश बाकी ना रहे सीने में आज,
तू फिर तोड़ मेरा याकीन एक बार, फिर हम तुझे मनाते हैं॥

अंदाज़-ए-आशिक़ी

ख़ामोशी हर किसी बात की जवाब नहीं होती,
इश्क़ में किस से ग़लतियाँ बे-हिसाब नहीं होती।

नाराज़गी तो ज़िन्दगी भर-की रखनी थी तुझसे,
परकाश मेरी आँखों में तुझसी शर्म-ए-आब नहीं होती।

बातें जो दिल में दफ़्न है, वो दफ़्न ही अच्छे,
कुछ अरमानो के कुचल जाने से जिंदगी बे-ख़्वाब नहीं होती।

वक़्त गुज़रे भी तू भूल ना पायेगा मेरा अंदाज़-ए-आशिक़ी,
झुलसती हो ज़मानों से, फिर भी नदी तालाब नहीं होती।

पढ़ते रहते हैं अक्सर हम एक-दूसरे के चेहरे को,
क्या आशिक़-ज़ारों के ज़बान की कोई किताब नहीं होती?

हूर-ए-फ़िरदौस

मुद्दतों से आँखों में एक सपने को संभाल रखा है,
उनके चेहरे के नूर ने महताब को बदहाल रखा है।

मैंने शाम-ढले जुगनुओं को उनके साथ खलेते देखा,
बनाने वाले ने जैसे हूर-ए-फ़िरदौस का ख़याल रखा है।

रातों ने उनके आँखों से काजल उधार लिया हो जैसे,
उनकी बिंदी ने सूरज को शर्म से कर लाल रखा है।

उनके तारीफ़ में कोई लिखे भी तो भला क्या-क्या लिखे,
जहाँ भर के शायरों को उनके हुस्न ने कर कँगाल रखा है।।

क़ब्रिस्तान

आज फिर एक और अरमान को मैंने दफ़ना ही दिया,

दिल को मैंने अपने, आख़िर क़ब्रिस्तान बना ही दिया...

आपकी इज़्ज़त

कुछ बात है दिल में छुपा कर रखा,
आँखों में है एक सैलाब दबा कर रखा।

मेरे सब्र का बस अब इम्तिहान और ना लीजिये,
आपकी इज़्ज़त को अब-तक है बचा कर रखा।

यलग़ार

समय जो बह गया दरिया-ए-ज़िंदगी में वो बेकार का है,
मेरी ख़ुशी उधार की है ये तेरा ग़ुरूर भी उधार का है।

तूने पहले भी इशारों से काई बार समझना चाहा था मुझे,
ये दिल-लगी कोई चीज़ ऐसी-वैसी नहीं, ये खेल अंगार का है।

यूँ जो नज़र-अंदाज़ करते रहते हो मुझे और इतराते फिरते हो,
समझने वाले समझ जाते हैं कि हो-ना-हो मामला प्यार का है ।

मैं कैसे मान लूं कि इस बाज़ी में मेरी तुझसे हार हो गई,
अभी तो बिसात बिछाई है, अभी मिला मौका मुझे यलग़ार का है।

मुझे पता है कि तुझे भी मुझे खोने का डर है थोड़ा-बहुत,
अगर नहीं, तो फिर किसके लिए रखा तूने व्रत सोला-सोमवार का है।।

सज़ा दो

हुई है हमसे जो ख़ता तुम उसकी सज़ा दो,
अगर होता हो इत्मीनान तुम्हें तो हमें कज़ा दो।

मैं कोई फ़रिश्ता नहीं ना हूँ कोई औलिया, इंसान हूँ,
पर हूँ गुनहगार तुम्हारा, हक से तुम मुझे अज़ा दो।

जो हुआ वो ग़लत था, लो सब गुनाह क़ुबूल किया,
दे सको माफ़ी तो ठीक नहीं तो सज़ा-ऐ-मुर्तज़ा दो।

चूर-चूर हुए भरोसे को कोई कहाँ तक समेटता फिरे,
ऐ हम-नवा! कर रहम और सारी रुसवाई को लज़ा दो।

क्या ये काम नहीं कि मुझपे अब हँसती रहेगी दुनिया,
तुम रख के शिकवा मुझसे ना यूँ मुझे दर्द-फज़ा दो।।

पाकीज़ा

तू जो कर रहा है मेरे साथ वो बिल्कुल अच्छी नहीं,
तुझे करनी चाहिए मुझसे हर-एक बात सच्ची नहीं।

तुझे बहुत मासूम समझता हूँ मैं अपने ख़यालों में,
मुझे पसंद तेरे बारे में कोई बात ओछी नहीं।

कैसे मान लूं कि तू बे-दाग़ नहीं, तू पाकीज़ा नहीं,
मैंने आज-तक तेरे लिए कुछ ऐसी-वैसी बात सोची नहीं।

आखिर क्या बताएं तुझे कि तुझसे मेरा राब्ता क्या है,
खैर ठीक है, मेरी कही कोई बात तुझे कभी जची नहीं।

तू ज़माने का होना चाहता है और मैं तुझे ज़माने से बचाना,
क्या इतनी सी बात समझने की भी अक़्ल तुझमें बची नहीं?

"

वो लम्हा

क्या बुरा है क्या भला मुझे कुछ पता नहीं,
तुमसे दिल लगा बैठे तो इसमें कोई ख़ता नहीं।

तुमसे दिल की बात करें भी तो करें कैसे,
तू मुझसे मतलब के सिवा और बात करता नहीं।

होता है तू मेरे रू-ब-रू हर रोज़ मगर,
तू मुझसे मेरा हाल एक बार क्यूँ पूछता नहीं।

यूँ बैठ जाना तेरा मेरे बाजू में आ कर,
चाहूँ जितना मगर वो लम्हा वहाँ ठहरता नहीं।

जो सीने में है वो राज़ बताना चहता हूँ,
तुझे पड़ी होगी ज़माने की, मैं किसी से डरता नहीं।

मुझे बस परवाह है तो तेरी वरना मेरा क्या,
तेरे ख़ातिर मैं सर-ए-'आम तेरा चर्चा करता नहीं।

इशारा

मेरी ग़ज़ल में छुपा है जो इशारा, वो हो तुम,

जो रह गया मेरा एक ख़्वाब अधुरा, वो हो तुम...

यूँ ही

कुछ ख़्वाब ख़ुद से टूटे, कुछ तोड़ दिए गए,

सबने किया इस्ते'माल हमरा फिर 'यूँ ही' हम छोड़ दिए गए।

मेरी ख़ामोशी

हर रात नींद कुछ अधूरी सी रह जाती है,
अब क्या सपनों के टूटने पर भी आवाज़ आती है।

कुछ ना भी मिला अगर ज़िन्दगी में तो क्या गम है,
हसरतें मेहमाँ हैं दिल की, एक जाती - दूसरी आती है।

मैं परिन्दा था खुले आसमान का, की जैसे बाज़ कोई,
बना फिरता हूँ परवाना किसी शमा का, ज़िन्दगी क्या दिन दिखाती है।

शरीफ़ को मजबूर समझते हैं नादान सब-के-सब,
मेरी ख़ामोशी मेरी कैफ़ियत नहीं, ये फैसला ज़ाती है।

है ख़ून मेरे अरमानों का सब के दामन पे बराबर,
देखते हैं मुकद्दर की अदालत इनको क्या सज़ा सुनाती है॥

मशाल

मैं वो कर गुज़रूंगा की एक मिसाल बन जाऊँगा,
सब ढूंढ़ते हैं जिसका जवाब वो सवाल बन जाऊँगा।

ढकेल दिया मुझे सियाह-तन्हा राहों पर कि मैं डर जाऊँगा,
ऐ ज़माने सुन, मैं चिंगारी था अब मशाल बन जाऊँगा।

है वहम उन्हें की मजबूर की बिसात ही क्या है,
उनके जुल्मों का सबब, मैं उनके लिए जलाल बन जाऊँगा।

गुलों को सुर्ख किया अपने लहू से सींच कर,
जो कुचला भी गया तो क्या, मैं गुलाल बन जाऊँगा।

करते हैं नज़र-अंदाज़ वो हमारी हस्ती को बार-बार, तो क्या,
अपने अल्फ़ाज़ों से मैं एक-इंक़िलाब एक-ख़याल बन जाऊँगा।।

जूनून

मेरे अंदर है जो आग वो बुझाओगे कैसे,
तुम मेरे बनाए खेल में मुझे हराओगे कैसे।

मैं वो सितारा नहीं टूट कर बिखर जाए,
तुम मेरे एक ज़रे का भी हौसला तोड़ पाओगे कैसे।

अभी बाकी है मुझमें जान बहुत, तो सोच लो,
तुम मेरे जूनून की उल्फत से खुद को बचाओगे कैसे।

एक मैंने ही तो तुमसे हर बार सच कहा,
तुम मेरे बाद मुझ सा दुश्मन भला लाओगे कैसे।।

यादों की गुल्लक

फिसल गया जो हाँथ से वो वक़्त मुझे लौटा दो,
या रब! वरना मेरे यादों से मेरा बचपन मिटा दो।

बेफिक्र घूमता देख इनको बेइंतिहा रश्क करता हूँ,
मुझे तुम इन बच्चों के संग फिरसे बच्चा बना दो।

मिट्टी के मर्तबान में उन सिक्कों की धुन याद है,
यादों की गुल्लक से चंद लम्हे मुझे और दिला दो।

वो रंगीन बर्फ के ठेले, चाचा के चाट का स्वाद,
फिर ज़िन्दगी का वही पुराना लज़्ज़त वापस चखा दो।

हर वक़्त परेशान रहता हूँ, खुदसे बातें करता हूँ,
मुझे इस दुनिया-दारी की बिमारी का इलाज बता दो।

तू रख मेरा सब कुछ, लेले मेरी खुशियाँ सारी,
बस एक बार उन गुज़िश्ता सालों को ज़िंदा करा दो।।

मेरे माज़ी

घर से दूर निकल तो आया मैं,
कुछ ख्वाब बस्ते में बाँध लया मैं।

चला तो था खुद की पहचान बनाने,
जाने क्या से क्या बन गया मैं।

ख़ास-ओ-आम में भी नहीं चर्चा मेरा,
मेरे माज़ी का हूँ बस साया मैं।

कुछ देर कहीं सांस ली, फिर चला,
हैं रास्ते याद पर मंज़िल भुलाया मैं।

लोग बहुत मिले पर साथी कोई नहीं,
अपनों के लिए हूँ अब पराया मैं।

है पता ये कि लापता हूँ मैं,
जाने क्यों भर रहा हर माह किराया मैं।।

दर-ब-दर

है हासिल उसे ये ज़माना जिसे तू मिल गया है,
अभी बहुत कुछ है जाना, अभी सिर्फ़ दिल गया है।

होती नहीं क्या सज़ा इजलास-ए-आशिक़ी में ख़ून की किसिको,
मेरे अरमानो को कुचलता अभी यहाँ से मेरा क़ातिल गया है।

भला हिज़्र के बाद किसी का आख़िर क्या गया है,
तेरा तो पता नहीं, मेरा हर लम्हा बड़ा मुश्किल गया है।

था तेरे शहर में एक मकान जिसका भी कभी,
तेरे फ़िराक़-ए-इश्क़ में वो दर-ब-दर हो मुंतकिल गया है।।

गुम-शुदा

किसी दरख़्त से लटके अकेले पत्ते के जैसा हूँ मैं,
मुसलसल आँधियों में जूझती हुई लौ-सा हूँ मैं।

है सब यहाँ, पर मेरा अपना यहाँ कुछ भी नहीं,
अपने ही घर में कुछ खोया-कुछ गुम-शुदा-सा हूँ मैं।

मेरे तौर-तरीकों से बड़े परेशान रहते सब आज-कल,
कहते हैं लोग कि कुछ ऐसा - कुछ वैसा हूँ मैं।

मेरी कामयाबी की देते हैं यहाँ लोग मिसालें बहुत, लेकिन
अपनी ही खामियों का गड़ा एक फ़साना-सा हूँ मैं।

ज़माना हुआ, नहीं पूछा किसीने मुझसे हाल तक मेरा,
सिर्फ एक 'माँ' ही हर रोज़ पूछती है की 'कैसा हूँ मैं'।

नया साल

जी को बहलाने के लिए अच्छा ये ख़याल है,

शायद कुछ बदलेगा, ये नया साल है।

फ़ौलाद

कश्ती कागज़ की थी और इरादे फ़ौलाद के,

कुछ इस तरह हमने मुसीबतों का दरिया पार किया...

मेरे पहलु में

सिवाए दर्द-ओ-रंज, तू मुझे कुछ और देता नहीं,
तेरे बाद, मेरा दिल फिर कभी वैसे धड़का नहीं,

चंद रातें तो बिता तू हमारी आँखों में,
बहुत वक़्त हुआ, इन आँखों ने कोई ख़्वाब देखा नहीं,

यक़ीन होता नहीं, ना अपनी क़िस्मत ना नज़रों पर,
बनानेवाला भी अब तुझसी मूरत तराशता होगा नहीं,

एक लम्हा तो गुज़ार तू मेरे पहलु में,
बड़ा समय हुआ, इस दिल को सुकून मिला नहीं,

है कैसा सितम की हमारा मिलन मुकम्मल हुआ नहीं,
तेरी यादों का भी अब इधर आना-जाना होता नहीं ॥

फ़रेब या ज़हर

दर्द पी गया हूँ मैं दवा समझकर,
ज़िंदा भला वो कैसा, घुट-घुट के जीकर।

एक तेरे साथ की ही तो ख़्वाहिश लेकर,
उम्र गुज़ार दी हमने टुकड़े दिल के सीकर।

चुभ रही तेरी सूरत आँखों में सुई बनकर,
घुल चुका जो मेरे लहू में वो है तेरा फ़रेब या ज़हर।

सुना है, तेरी गलियों से निकलता नहीं कोई बचकर,
आशिक़ होते हैं रुख़्सत तेरे दर से तख़्ता-ए-ताबूत पर।।

क्रोध हूँ मैं

मानव के हृदय में मैं बस्ता,
कोई विनाश, कोई काल है कहता,
मुझपे ना कोई वश चल पाता,
जहाँ भी जाता मैं कोहराम मचता।

कर्ण की ललकार में मैं हूँ,
पांचाली के प्रतिशोध में मैं हूँ,
लखन की जिह्वा पे साक्षात मैं हूँ,
शिव शंकर का तांडव भी मैं ही हूँ।

मुझसे जीत तुम नहीं सकते,
क्यूँ बड़ी-बड़ी बातें करते
हर युद्ध का कारण मुझे बताते,
जब अंतर्मन तुम विजय ना कर पाते,

हर विध्वंश का बीज हूँ मैं,
तुम्हारा नाश हूँ मैं, तुम्हरा क्रोध हूँ मैं।।,

उम्मीदों के फलक

कल किसी मोड़ खुद से राब्ता हो जाए तो क्या होगा,
खुद की आँखों में झांक शर्म आये तो क्या होगा।

है मालुम हमे अपने गुनाहों का अंजाम बिलकुल बराबर,
उस अंजाम से भी दिल ना घबराये तो क्या होगा।

वो जो है आज शामिल हमारे हर महफ़िल में शान से,
तनहा रातों में वो शमा बुझ भी जाए तो क्या होगा।

जो टांग रखे हैं उम्मीदों के फलक से खुशियों के सितारे,
उन पर अगर कभी ग़मों के बादल छाये तो क्या होगा।

तुमने ले तो ली हमसे साथ मरने की कसमें कई हज़ार,
इन कसमों को निभाते दम निकल जाए तो क्या होगा॥

कतरा-ए-शबनम

मैं ज़िंदा हूँ ये क्या कम है,
ज़िंदा हूँ इसका हीं तो गम है।

इतनी भी खुशियाँ दो ना मुझे तुम,
अब खुशियों से निकलता मेरा दम है।

है एक कतरा या सैलाब है कोई,
आंसू नहीं ये कतरा-ए-शबनम है।

रुकता कोई नहीं किसी के लिए यहाँ,
था वहम की वो मेरा हमदम है।

वो दीखता कोई और अब आईने में है,
क्यों कहते हैं सब की वो हम है।।

जब तुझे

जब तुझे हमारे चाँद का दीदार होगा,
दिखता वो हुबहू जैसे मेरा यार होगा,
जलता ज़रूर हमसे सारा ये संसार होगा,
आखिर कहाँ मिलता किसी को तुमसा यार होगा,
मत पूछिये की दिवाने का क्या हाल होगा,
तेरा नक्श जब मेरे सीने के पार होगा,
ना कोई दीवार होगी ना दरार होगा,
हमारे बीच बस प्यार ही प्यार होगा,
नहीं बाँट सकता तुझे मैं ज़माने से,
तू मेरा बस मेरा हर बार होगा,
हर नज़ारा तेरे लिए तब बेज़ार होगा,
जब तुझे हमारे चाँद का दीदार होगा।।,

चिंगारी

वो ख़ूबसूरत है कितना बताऊँ कैसे,
सूरज को दिया आखिर दिखाऊँ कैसे।

हुआ सब राख अब कुछ नहीं बाकी,
इस इश्क़ की आग को बुझाऊँ कैसे।

सोचते थे, जिनके साथ काटने की,
उनके बिन ज़िन्दगी ये बिताऊँ कैसे।

गम होगा उनको भी बिछरने कभी,
मेरा हाल,फिलहाल उन्हें समझाऊँ कैसे।

दहक रही है अंतर्मन में चिंगारी,
विरह की ज्वाला शान्त कराऊँ कैसे॥

तक़दीर

मैं तुमसे आख़िर उसका ज़िक्र भी क्या करूँ,

नहीं जो तक़दीर में उसका फ़िक्र भी क्या करूँ...

ज़लज़ला

मेरी शराफ़त को तू मेरी कमज़ोरी समझता है क्या?
मैं जो हूँ सुकून से तो कुछ खलता है क्या?

ख़ामोश हूँ, पर बोल नहीं सकता, ऐसा नहीं,
ज़लज़ला आने से पहले वक़्त-पता बताता है क्या?

तलब

तलब मुझे उनकी कुछ वैसी है, जैसी रिंद को शराब की,

ज़रूरत हमें उनकी ठीक ऐसी है, जैसी प्यासे को आब की...

नज़र-बंद

अब तो हमने अपने ज़ख़्मों को भी जैसे चार-बंद कर लिया,
डर के उनकी रुसवाई से अश्कों को आँखों में पाबंद कर लिया।

था वो कोई ज़माना की हम भी अल्लहड़ हुआ करते थे,
लेकिन खा-खा कर चोट उनके तंज़ के हमने खुद को अक़्ल-मंद कर
लिया।

होती है ज़िल्लत आपको हमारे वुजूद भर से आज-कल, उफ़,
जाने किस बुनियाद आपने आख़िर हम जैसे को पसंद कर लिया।

आपकी बे-रुख़ी को बे-वफ़ाई में बदलता देख ना सकते थे पर,
घूँट लहू का भर ही सही, खुद को इसके लिए भी रज़ामंद कर लिया।

झूम रहें हैं हम मौज-ए-ग़म-ए-हिज्र में बराबर साक़ी,
वो पूछे तो कहना कि हमने मैख़ाने में खुदको नज़र-बंद कर लिया।।,,

मोहरे

यहाँ किस-किस का ए'तिबार करूँ, सभी तो अपने हैं,
वक़्त की बिसात पर दौड़ते- भागते हम जैसे कोई मोहरे हैं।

मेरा नसीब की, मैं अपनी हीं कहानी में बस किरदार हूँ,
तुम देखते हो जो अपनी आँखों से वो मेरे सपने हैं।

तू पूछता मेरा हाल भी तो क्या बताता मैं भला,
कोई एक हो तो दिखाऊँ, अभी कई ज़ख्म और भरने हैं।

मैं इस टूटे दिल से भला कैसे तुम्हारा शुक्रिया करूँ,
तेरे पीछे हुआ जो हाल मेरा की सब मुझपे हँसते हैं।।